VEČERNJA MELODIJA

Autorsko pravo zaštićeno © 2019 Branislav Vrbaški, a.k.a. Rebel Bran

Sva prava zadržana

ISBN: 978-1-9990444-1-1

Dizajn: Branislav Vrbaški and Associes libres design

Fotografija na koricama: Branislav Vrbaški

VEČERNJA MELODIJA

Rebel Bran

2019

ZA TEBE

VEČERNJA MELODIJA   9
VILINI KONJICI   10
PITANJE   11
TRENUTAK   12
POKLON   13
OPROSTI   14

MOJA MISTERIJA

OSMESI   16
PRVA PESMA 1969   18

MOJA BOJA

U PLAVO   20
1996...   22
KINESKA BAŠTA   23
GLAD   24
28. JULI, 2015.   25
VODA   26
DUGA   27
DANAS   28
ODLUKA   29
DŽOŠUA   30
DŽOŠUINA PUSTINJA   31
KAKTUSI   32
SUNCE   33
PRIRODA   34
TELEFONI   35
NE ZNAM   36

MOJ ŠAPAT

SIMEUNA   38
POKLON   40
LUDAK   41
2:06 AM   42

MOJA STRAST

TODA   44
4:15 PM   46

ZA TEBE

OBLACI   48
O   50
DELIĆI   52
POTPUNA TIŠINA   53
BEKSTVO   54
VEGAS   55
MRAK   56
KAKO?   57
ZRAK   58
SEVDAH   59
KIŠA   60
ŽELJA   61
SORENTO   62
KINK   63
MRCVARENJE DUŠE   64
~   65

MOJ SAN

BOLJI DEO   68
UVOD U TIŠINU   71
TRI SLIKE TIŠINE   72
ČETVRTA SLIKA TIŠINE   77

MOJA PROŠLOST

OSLOBOĐENA   82
POMRAČENJE MESECA   83
SEĆANJE NA DETINJSTVO   84
^   85
POMORAVSKA LJUBAVNA   86
ĆUTNJA   87

DILEME   88
BELA PESMA   89
DOSADA   90
LET   91
NEMOĆ   92
PORAZ   93
ZADOVOLJSTVO   94
POGLED   95
PISMO   96
NESIGURNOST   97
POBEDA   98
TUGA   99
RAZGOVOR   100
●●   101
●●●   102
POKUSAJ   103
SPAS   104
POMOĆ   105
OGLEDALO   106
ITD.   107
BAKSUZ   108

QUO VADIS DOMINE   109
JUTRO   110
XXX   111
PRAZNINA   112
OTIĆI ĆU   113
OTKAČENA   114
VARLJIVA MOJA SREĆA   115
OPTIMISTIČKA   116

MOJA SADAŠNJOST

BEČKI VALCER   118
SUTON   120
BEZVLAŠĆE   121
STRAH   122

MOJI ZVUCI

MORE   124
LJUBAV   125
POKVARENI AUTO   126

ZA TEBE

VEČERNJA MELODIJA

Tiho je onako lepo tiho
ne pred oluju
ne kao pretnja i ništa tako
Samo je lepo
Ko tiha pesma iz ruske bajke
Mila po srcu
pomalo tužna ali od tuge
kao miline
Znaš te?
Srebrno sjajna
kao pun mesec u oktobru
u odsjaju tvoga oka...

Tiho je kao u tvojoj kosi
pred ružičastu zoru
sa mojim obrazom
na tvojim grudima
u tvojim neizgovorenim rečima
koje vole...

Tiho je kao ćutanje
sa prijateljem iz detinjstva
kao osećaj pripadanja
lepoti
kao među stablima
prastarih hrastova
sa tvojim odrazom
u prozirnoj vodi
bez vetra...

Tiho je baš kao što treba
kao kad hodam sa smislom
uz tebe...

VILINI KONJICI

Vilini konjici vode ljubav u letu.
U parovima srebrnasto plavi,
metalno plavozeleni i sivo srebrnasti.

Pitam se da li ljubav menja boje?

Lete konjici u savršenom skladu kao jedno biće.

Ko vodi ako vodi?
Po vodi iznad vode
da li iko mora da vodi
ili se leti po vasionskim mapama
ispisanim u kapima?

Ribe.

Ribice.

U izobilju algi i planktona.
Skaču i iskaču srećne i site.

Kako li ribe vode ljubav?

PITANJE

Šta je ovo?

Čini se poznatim...
Miriše na dunje
i zvuči kao durski akord
na klaviru...

Proteže se kao duga
pod parisko plavim oblacima,
i oseća kao olakšanje
posle letnjeg pljuska...

Otkuda odjednom ovaj mir
i ovaj čudni blesavi neobjašnjivi osmeh?

Nešto bih samo da sanjam
i da gubim vreme u zvezdama,
toliko toga mi na spisku
a baš me briga!

Ne ustaje mi se iz kreveta
i zurim u plafon
potpuno ushićen belinom!

Satima.

Sve mi je nešto lepo,
sve zvuči rešivo,
sve peva!

Jel to beše ljubav?

TRENUTAK

Izvinite
vaša kosa je u mojoj
kažem u sebi
u metrou
a u stvari ćutim
preko nekoliko
nerazumljivih jezika
kineskog
valjda španskog
sigurno hindu
a pomalo i ruskog

Izvinite opet
vaša kosa je
previse meka
za ovakav trenutak
i ovakvo mesto
gde svako lice
nosi tišinu
pod trepavicama

Izvinite
u glasu neke
krhke japanske gejše
u crvenom mantilu
staje na sred

Jel' neko video
neki kišobran
u žurbi progovara
sedokosa hipi
od jednih vrata
do drugih
i ode

Izvinite
vaša kosa je
i dalje u mojoj
skoro nepodnošljivo
istinita
za ovaj momenat
zaustavljen
u vozu koji leti

POKLON

Poklanjam ti jezero
koje sam
bez pitanja usvojio.

Napisao sam tvoje ime
što sam veće mogao
i sada si to jezero ti.

Mislim da se ono
ispod debelog leda
pokrivenog debelim belim snegom
prijateljski osmehuje.

Možda se i varam
ali verujem da ne.

Njegova voda i ja
razumemo se
kao ti i ja.

To mora da je savršeno
baš kao i ovaj mir
pod azurnim nebom.

Savršeno kao pripadanje
kao izvesnost
kao verovanje

kao ti...

OPROSTI

Oprosti
je tako otužna rec.

Presoljena grižom savesti.
Prezaslađena izgovorima.

Suton je sada
boje zrele breskve
i savršen za bekstvo
u nadrealnost.

Ja se migoljim
izvinjenjima
batrgam promenama
odbijam suočenja
i konstantno ne mogu.

Osim da se gonim
u prizore nesmišljene
i razgovore neizgovorene
u situacije neobuhvatne
koje ne želim i briga me je za sve

za sve

za sve...

A i to samo tako kažem
batrgajući se
sopstvenim mislima
osećanjima koja bih želeo
da su nečija druga.

A opet, do đavola,
Oprosti
tako mi je žao
da sam povredio tvoje srce!

MOJA MISTERIJA

OSMESI

Obešene su usne
kao mlad mesec
naopako.

Osmesi vise.

Prate me svukud,
blješte pred licem.

U oku su trn.
U grlu muva.
U kolenu bol.
U slabinama nešto.

Vuku krajevi usana
dole i niže
i sve se teže dižu.

Pomislih
- to je samo kod mene,
starina,
a nije.

I mladima usne
otežale na dole.

Od usana do usana
proveravam svakog
dok same usne vidim.

Svima,
ama svima,
osmeh je naopako!

Ulažem napor
da podignem krajeve
ne čak ni za osmeh
nego za ravnotežu,
odmerenost bar,
a teško je držati usne
nevidljivim udicama
čitav dan tako.

Oči?

Ne mogu da zavedu.

Otkrivaju sve.

Svima.

Kao pregorelo lice
preko puta
koje se trudi
a nikako ne ume.

Ta slika se otiskuje u memo
i iznova šalje usne
u preokrenut mlad mesec.

Mrzim stakla.

I ogledala!

PRVA PESMA 1969

Imam jedno mače
što mi stalno plače.
Ja mu dam kolače
ono opet plače.
Ja mu kažem "pis!"
ono igra tvist!

MOJA BOJA

U PLAVO

U plavo si obojila
sve zidove oko sebe.

U onu svetlu boju
najplavijeg neba.

I u onu zasićenu plavu
iz Čarobnog sata.

U plavo.

U plavo si obojila
i ramove prozora,
i vrata,
pa čak i oluk.

I stranice betonskog stepeništa,
i ogradu i rukohvate.

U plavo.

U plavo si prekrila
i krevete i sofe
i fotelje,

i zastrla čak i sebe.

Plavim bade mantilom,

na plavoj stolici,

na obojenom pločniku.

Plavom.

Sve je odisalo životom,

optimizmom,

lepotom,

pažnjom,

i srećom.

Sve osim tvojih
umornih očiju,

i trbuha koji je rastao
svakim minutom,

koji je neumoljivo
isisavao život iz tebe.

Plavi život,

koji si u očaju
probala da ostaviš
na plavim zidovima.

A ostavila si ga u meni.

Za sad.

1996...

Neko vidi da voda je
a kamen vodu odboluje
Crnu boju odstrahuju
i ne veruju svemiru

Vodu pije ko žedan je
a sunce vodu isparuje
Sunce nebo ulepšava
a mesec sunce zasenjuje

Ovaj dan u tebi
dal' ostavi trag
il' ideš kroz
a ne vidiš skroz

Ovaj problem tebe
dal' pobeđuje
ili za sve
sve jedno ti je?

Neko vidi da dobro je
a zlo se dobru podsmehuje
Neko čuje za istinu
a druga istina pravi laž

Neko vidi da smejem se
a tugu osmehom prikrivam
Neko čuje da govorim
a šta kažem i ne slušam

Ovaj dan u tebi
dal' ostavi trag
il' ideš kroz
a ne vidiš skroz

Ovaj problem tebe
dal' pobeđuje
ili za sve
sve jedno ti je?

KINESKA BAŠTA

Kamen koji plovi
lokvanj koji spava
list koji treperi
od sreće zbog sunca!

Voda koja miruje
u travi koja miluje
borova igla koja dira
od mira do dodira!

Kamen od vode dotaknut
udubljen, ispupčen,
mek i čvrst i mudar...

Glava u drvu udomljena
umirena i ushićena,
dobra, lepa i svemirna...

GLAD

Debele bele ribe
u izobilju hrane
nezaustavljivo žderu
komade trenutnog zadovoljstva.

Nezasite neobjašnjivom
frustracijom
u perpetualnom
porivu za miljem
jedu, gutaju, žvale!

I nikad dosta.

Praznina nezaustavljivo
proširuje gabarit,
kao i opušteno salo
koje se rasteže po dnu...

Beznadežno.

28. JULI, 2015.

Izurlavam teskobu iznutra.
Uvek tako na početku nemira.
Upoznajem te kao novost
neotesanog kamena
i zabranjeno srce.
Strah me da te ne izgubim
a tek smo se videli.

VODA

Pored svoje vode
mir je najmirniji
i najplaviji.
Duh je najčistiji
i diše punim dahom.

Misli i ideje,
sva sećanja i iskustva
u tim su molekulima
i samo tu se osećaju
kao kod kuce.

Tu se činiš
delom savršenstva,
a ne kao komadina
koja nikad ne paše
i samo smeta.

Tu se sve uklapa,
sve se zna bez reči
i sve ima smisla.

Molim te,

budi moja voda

od sada...

DUGA

Danas je duga
najjačih boja.

Danas je dan veselja.

Psi se igraju na rubu vode
u travi koja vibrira.

Prepuna života.

Pod suncem.

Uz graju prijatelja.

Ja posmatram
iz plavo-zelene fotelje.

Da li sam tu?

Gde sam uopšte?

Pored tebe,

Pobeglog

u dugu.

Bez mene...

DANAS

Danas sam ležao na doku
prekriven nebom.
Dubina plavetnila
osećala se
kao univerzalni duh,
kao deo tvojih misli.

I onda...

počeli su da iz njih...

izranjaju vilini konjici!

Kao svetlosna bića,
u preseku sa zracima sunca
jedan po jedan,
plutajući u praznini...

Tu i tamo,
ovde i onde,
jedan nestane
drugi se pojavi,
svi uprkos vetru,
u istom pravcu
u istoj frekvenciji pokreta...

kao svetlosni...

krstovi!

Tvoja...
.
.
.
molitva.

ODLUKA

Od danas
prestajem da tražim.
Ne molim,
ne pitam,
ne želim ništa.

Od danas
nije mi važno
šta imam,
šta nemam,
otpuštam sve.

Od danas
odbijam da se nadam.
Istapam strasti,
isušujem suze,
pristajem da bežim.

Od danas
rezoniram s' vodom.

Samo jesam

od danas

s' tobom...

DŽOŠUA

Džošui je pobeglo drveće!

Zajedno sa torbom Magije!

Zaustavilo se duž puta
za Orakl.

Strateški se grupisalo
između kaktusa,
sakrilo iza njihovih
zdepastih tela,
sa glavama
koje prate u vidokrug.

Sačekalo nas je
odmah posle Firence,
uokolo poslednjeg
proširenja na putu.

Pod suncem,
uz žagor
kako se više nikada
ne vraćaju tom
namćoru
Džošui!

Od sada
čuvaju samo
Biosferu Dva!

DŽOŠUINA PUSTINJA

Sretosmo Džošuu.
Bez drveta!
Promrsio je samo
da ga je zaturio
negde iza kreveta,
u torbi s Magijom.

Okrenuo se mrmljajući...
Dojadilo mi
da susrećem površnjake
iz Instant Sveta!
One koji samo jure,
pogledaju i odu
a u stvari
uopšte ne vide.

Moja pustinja
ne urliče,
ne skače ti u oči.
Ne dekoncentriše,
ne šljašti!

Snobovi...

Nju treba čekati.
Za nju treba
imati vremena,
imati pažnje,
i poštovanja!

Ona te daruje detaljem,
sporim hodom,
povetarcem,
svetlom,
i strpljenjem!

Nju treba zavesti.
I zaslužiti.

Bedo...

KAKTUSI

Moji kaktusi
iz sobe sunca
probudili se danas
bez mene.

Znam da su
iglicama popričali
kao što umeju
izjutra da me bude.

Onda su sačekali
prvi jutarnji san
za Jumu.

I sad su tu,
duž puta,
da me prate
do zemlje palmi.

Kao šuma
od kaktusovine!

SUNCE

U jednoj zemlji
koja je zaključala sunce
i ne da ga
baš za inat nikom...

Možda samo
u malim dozama
po zasluzi,
kad joj se prohte...

Samo ponekad.

Kad joj se dopadnu
neke zelene krošnje,
poneki vlažni list
ili uvijeni koreni!

Samo tada
ta zemlja preko ramena
pogleda ostatak sveta
i zatvori oči...

Sa uzdahom.

Udeli malo.

PRIRODA

Moram da budem
među drvećem
među lišćem
da se skrijem
njenom šumom
da se ogrnem
- Mojom Prirodom.

Polijem osmehom
predam se milini
i ugrejem mirom
da ponirem i previrem
njenom vodom
njenom kosom
i suncem i svetlom

da dišem

i dišem

i udišem

i izdišem

punim se životom

i lepotom

I Lepotom

SVEGA...

TELEFONI

Nemir i umor
otužni oblak
sivilo gluvo
previše ljudi
gužva bekstvo

telefoni telefoni
telefoni telefoni

Kao da niko više
nesme da misli
Tu su a nisu
dodiruju se
a ne postoje
Jure za nečim
ćute za ničim

telefoni telefoni
telefoni telefoni

Kiša i kapi
posvuda mokro
mrak tama
šta sada znače
ta kućna vrata
i svetla ispred?
Reklame neoni
pioni demoni
progutane reči

telefoni telefoni
telefoni telefoni

NE ZNAM

Ne znam.

Koliko puta moje misli
krenu uzbrdo tim rečima?

Voleo bih da tačno znam
koliko ne znam
da bih znao kako
da započnem dan
s pravom dozom neznanja.

To bi mi dalo osećaj
spoznaje da sam ipak
malo pametniji nego juče.

Ovako ne znam
ni kako da se odnosim
prema onome što znam.

A ipak,
izgleda da je mnogo bolje
ne znati koliko se ne zna
jer takvi uvek
mnogo bolje prolaze
u sopstvenom neznanju!

MOJ ŠAPAT

SIMEUNA

Simeuna Hotomski
voli sve svoje zidove
podjednako!

Oni joj prišaptavaju
priče iz prošlosti
i svaki ima svoj karakter.

Jedan je vrag
jedan dobrica,
jedan je sanjar,
drugi buntovnik
a svi su u stvari
njena ogledala!

Simeuna takođe
voli starine.

A ima i kompjuter.

Ona najviše uživa u miru,
a u stvari je
pravi revolucionar!

Ne voli nepravdu,
obožava decu,
i srećna je s' malim stvarima.

Simeuna Hotomski
zna da njeni zidovi
nikad neće pričati
za njenim leđima.

Zato tu slobodno uživa
u starim vagama,
tegićima od mesinga
prošaranim osmesima
i davnim anegdotama,
ponekom ludorijom
i nevidljivim lekcijama života.

A zna Simeuna
ponekad i da zaplače
ali joj nizašta nije krivo.

Sve što je videla i čula,
podelila i naučila
sebe i druge,
sve je bilo sa dušom.
Onako - od srca!

POKLON

Okreni se
svom komšiji

pruži ruku

dodirni bliskost

pošalji smešak
preko daljine
otuđenja

Daj
podeli polaskaj
oplemeni osnaži
pomiluj ljudskošću
umij nežnošću

reci da stanem

da progledam

da te osetim

da shvatiš
kako je poklon
što si preko puta
mog srca

LUDAK

Osećam
kao da sam usput
izgubio pravac
ili se zaglavio

neki bi rekli...

Vrednosti
Ubeđenja
Pogoršana
I nalazim sebe kako
Vučem
Grabim
Urlam!

Najstrašnije je
Nikoga nije briga
Niti shvataju
Kako se sve

izokrenulo!

I ja tako stojim
kao ludak
u svom sopstvenom
zdravorazumu!

2:06 AM

Zamenjujemo ljubav
za seks...
Zamenjujemo ljubav
za seks...
Zamenjujemo ljubav
za seks...
Zamenjujemo ljubav
za seks...
Zamenjujemo ljubav
za seks...
Zamenjujemo ljubav
za seks...
Zamenjujemo ljubav
za seks...
I tako sve u kurac!

MOJA STRAST

TODA

Aerodrom izgleda
kao božićna jelka,
a možda je to
i samo moje srce
koje treperi...

Točkovi se valjaju teško,
moćno,
a možda je to
i samo moja ruka
na tvom vratu
koja te podseća
da si moj onako kako to najviše voliš...

Sad ceo grad postaje mlečni put zvezda
kao kad pospeš svoje seme
po svojim prsima
dok sam u tebi...

I letim
u svojoj muževnosti koju ponovo otkrivaš u meni
kao potisnuto drugo ja.

Kao ono Ja koje postaje Ti
kad pomešam svoje sokove
u tebi...

I letim sad u mraku
po tvojim širokim
mišićavim leđima
i poljupcima palim
svetla udaljenih mesta
poprskanih pod avionom,
pa preko tvojih
snažnih butina
koje trepere u ekstazi
dok prodirem u tebe,
pa preko tvojih oblih
i mekih guzova
koji preklinju da ih uzmem,

da ih oplodim,

duboko...

O, kako bih da letim
s tobom,
često,
snažno,
neprestano...

Toda

Toda

Dámelo todo

4:15 PM

Zašto vreme sipi kroz prste kao pesak,
zašto nikako ne da da se stigne
uhvati, zaustavi, uspori?

Zašto se čini da je uvek nešto bolje trebalo da se uradi?
Smislenije, ispunjenije,
uzbudljivije, duhovnije, kreativnije, poetičnije, lepše.

Jedino sa tobom kad vreme proleti nije mi žao.

Ushićen nestajanjem u tvom vremenu znam
gde god da stignem

nije važno kada,

nije bitno šta je
završeno ili ne,

samo kad je s'tobom...

ZA TEBE

OBLACI

Oblaci podamnom

Oblačci paperjasti

Pufnasti kao vuna jagnjadi

Volim

Ne znam šta ni koga zašto?
Ma volim sve to meko
vazdušasto mirno belo i jedva blago sivkasto.

Pevam

U sebi tiho a jako srdačno
duhovno prosvetlo meko
baš tako kao oblačak
podame polegnut kao da nikad nikud ne mari
i baš ga briga.

Diram

U svu tu mekost kao vrh planine što čika ih
da je puste da gleda preko u belinu

A oni oblaci vragolani
U kolo uhvaćeni oko stene
paprastim belim rukicama
ne daju šale se vrte i smeju!

Letim

plavim vazduhom
iznad crvenih pustinja
obronaka brdašaca i planinica
preliven preko tragova suvih reka
Peščanih oluja
Kiša koje su zaboravile dodir belih
dna jezera
preobraćenih u oblake!

Gde su moje šume i šumarci?
Ko da je neko skupio stabla u pregršt
i sakrio jedno po jedno u svaki oblak
ponaosob
da žanjem krošnju po krošnju
k'o belu šećernu penu!

Gde su moji zeleni travnjaci
da se valjam po njima
sa oblačcima po nosu
iza ušiju po čupercima?

Neko ih sakupi u krugove
k'o mama kad čašom otisne kolute
po mekom testu
pa malo ovde malo onde
poprska prahom kroz prste
iz kutija prepunih oblaka od šećera!

Oblaci

Oblaci podamnom

Oblačci paperjasti

Pufnasti kao vuna jagnjadi

Volim

Moje oblačiće

Moje planine

Moja nebašca!

O

Ovaj put nije imao zvuk
zanemeo je kao i sati
koje smo valjali
uzbrdo

Ovaj okean nije imao boju
pocrneo je kao i reči
koje smo brljali
besmisleno

Ova tišina je bila teška
kao nemogućnost
da se ušuškamo
u jedno isto uvo

Kao da nismo bili tu

Kao da nismo bili

ni u sebi

Melanholija kocke
u usporenoj rotaciji
kao tvoja namera
da podneseš ovaj put

Neuspela vibracija
naših glasova
polomila se negde
o gole kaktuse

Lica koja se ne smeju
ni zajedno a ni za sebe
ne ogledaju se
jedno o drugo

Koraci u raskoraku
između kamena
bez oslonaca
propadaju u tupi mrak

Ne sećam se
da li sam bio tu
jer tvoje oči nisu
uhvatile moje slike

Izgubio sam tvoj osmeh
u ulici niz padinu
a svoj ni ne pamtim
tako bezlično glup

o

DELIĆI

Vetar kovrdža reku
Planine dišu plavo
Oblaci klize ko pena

Vilin konjic se igra
sa mojom flašom vode

Neće da ode

Niz reku

Niz talas

Slova u pesku
34
Srce

POTPUNA TIŠINA

Ova šuma
ukorenjena
u jezero

Moje misli
ukotvljene
između lišća

Moje srce
odbrojava talase
oslobođene vetrom

Tu sam
potpuno sam
potpuno predan
ovom trenutku

Mestu
Zvuku

Bez tona

BEKSTVO

Bežim od ogledala
i od svojih očiju
koje ne prate smeh
mehaničkih usana.

Nisam tu ni kao senka
koju ionako jedva poneko
primeti samo onda
kad im zakloni sunce.

Nisam ni tužan
a niti uzbuđen,
i nemam više
one trenutke u sebi.

Vreme je ostalo
bez minuta
a grudi
bez zrna strasti.

Koraci nemaju otiske
po pesku
koji otiče
s vodom.

VEGAS

Čeka me

obećanje zabave
raspuštena sreća
fiks ludosti
bazen pohote
momenat čežnje.

Čeka me

mogućnost osmeha
voajersko posmatranje
neoptuživanje
neosuđivanje
neprimećivanje
i krevet kralja!

Za trenutak
iskačem iz mašine
i pretvaram se u sebe
koga sam znao nekad.

Upoznajem
i nekog drugog
obično pritešnjenog
debelom kožom
svakodnevne
beznačajnosti,
probuđenog
momentom
mogućnosti.

Dišem
da se nagrabim
molekula optimizma
za one dane
koji neminovno
vrebaju.

MRAK

Nestala je struja

Sve je tamno
Sve je tamno

Sve je otišlo
od đavola do đavola
a da niko ništa
ne pita

Da je davno
bilo pravno

Sve se otelo
od nemila do nedraga

KAKO?

Toliko samih ljudi

Toliko usamljenosti

Otežalih obraza

Čak i u paru
ljudi su samiji
neko ikad.

Od čega lica
prestanu da sjaje
Šta ugasi lepotu
Šta ostari dušu

Kako se zaboravi
da se voli

Kad se to dodir
pretvori u strah

Kad se to mi
zaustavimo u nameri

Kako se to

zaboravi

da se voli

ZRAK

Zrak
mekote
i oslobađanja
pokrenuo ti je
ruku
ka meni,
otvorio oči koje
sad zrače toplinom,
raskrilio osmeh
koji me sada prihvata,
omekšao usne kojima
me po prvi put ljubiš
i govoriš stvari
koje me ushićuju,
čude,
a uzdižu na sedmo nebo!

Ne verujem,
a lebdim
u nagoveštaju
samo male mogućnosti
onoga što sanjam
otkad sam te sreo...

I to je dosta.

SEVDAH

Gde si mi milo odbeglo
Da mi te oči ne vide
Gde si mi dušo nestalo
Da mi te srce pogubi

U svoju ruku prenežnu
Odnelo moje predrago
Da mi ga duša odljubi
Da mi se dodir podere

KIŠA

Ponekad je
kiša teška
kao život

Ma koliko
oblaka istekla
i dalje teži

Ne stiže
da svu tu vlagu
pretoči u vodu

Pa pritiska
pere trlja cedi
i ispira

Preko mrlja
koje trpe
a pobeđuju

I pada život.

I pada život.

I teče kiša.

ŽELJA

I hodaš tako
sa licem ispred tela
pogledom
koji vidi polusenke

I ćutiš tako
u hodu bez zvuka
lebdeći
u nepoznatom kraju
prepunom rečenica
ispisanih po obrazima

I sve je ravno
ništa
bez veze
i preskače ti osećaje
koje si zaboravila
u poluzalasku
pritajenom
iza oluka

Ali

neko te voli

Srećan ti rođendan!

SORENTO

Zašto sam tako tužan
Okružen svom ovom lepotom

Jezerom

Bistrom vodom
Nadrealnim uzbuđenjem
trenutaka sa čovekom u vezi

Sam

Opet

KINK

Budi ponosan na svoj fetiš
Kink
Kink je sve što ti treba

Ako nisi sjeban
nisi ni normalan

Zaružni lepotu
Uzdigni surovost
Zamisli iluziju
Ostvari perverziju

Fantaziraj
Globaliziraj
Ovuliraj
Masturbiraj

Budi ponosan na svoj fetiš
Kink
Kink je sve što ti treba

Reci pravo
Uradi krivo
Iskrivi pravdu
Nabij ženstvenost
Legalizuj ilegalno
podceni kraljevsko

Fantaziraj

Globaliziraj

Ovuliraj

Masturbiraj

Budi ponosan na svoj fetiš
Kink
Kink je sve što ti treba

MRCVARENJE DUŠE

Pošta više uopšte ne stiže.

Ona prava pošta u pismima
pisanim sa pažnjom,
sa ljubavlju prema slovu
i prema osobi iza papira.

Pošta je postala silikonska,
papiri su postali ekrani
a osobe iza bez lica.

Bezvredne.

Kao pikseli koji verovatno
čak i ne postoje.

Vreme se pretvorilo u haos.
Nemir se uvukao u zidove.
Nestrpljenje je postalo Nervozni Okean.

Život je poludeo

a mi se pretvorili u pacijente!

~

Vrh oblakodera nebu oslonac
neonske reklame svetlost nervozna
Sto pedeset metara od zemlje
dvadeset sekundi slobode u vetru
doneće mi mir

Mafiji za vratom
strahu gonjenja
besu telefona griži savesti
državnoj bezbednosti mali je zadatak
sloboda u vetru napraviće kraj

Come on, come on
Dođi vidi što i ja
Come on come on
kako je kad letiš
kako je kad padaš

MOJ SAN

BOLJI DEO

I dok sam spavao
moj mali prijatelj sna
me rukom uvukao
u jedan sasvim drugi grad

Ni s' jednom ulicom
ni s' jednim krovom
Na zidovima bez prozora
sa sobama bez stolova

Tu ne postoji zvuk
ni jedan list ne zeleni
ljudi od kamena
davno su osmeh sakrili

Vodio me dugom stazom
bezbojnom hladnoćom
njegov pogled se ljutio
"San se gradi dobrom dušom
onim boljim delom srca
mirom i snagom
dodirom, osmehom."

I dok je pričao
o svemu sivom u tom snu
ptica se javila
predivna ptica šarena.

Na listu javora
od suza poruku kratku
srcem napisala
san ovaj dok je sanjala.

Uvek zaboravim
da nemam prava da rušim
grad koji nije moj
čiji sam deo postao

Poznao sam tople oči
moju sreću
što me zove
"San se gradi dobrom dušom
onim boljim delom srca
mirom i snagom
dodirom, osmehom."

UVOD U TIŠINU

Tokom kasnih osamdesetih i ranih devedesetih, pre mog dolaska u Kanadu, u Jugoslaviji koja je na silu premirala posle Titove smrti, život se živeo u konstantnoj bedi i užasnom strahu.

Zemlja je bila pod surovim sankcijama međunarodne zajednice koja je dovela većinu ljudi do ivice gladovanja. Ko je imao malo novca - bilijarde beskorisnih dinara - za hleb i mleko, čekao je u redu od četiri ujutro da ugrabi šta se može dok se ne rasproda. Ko nije imao ni to, zavisio je od države koja je snabdevala zalihe brašna i krompira za mesec dana na kupone, što nikako nije bilo dovoljno.

Moja zadnja plata kao urbanisti pri inflaciji od skoro 20,000 posto, bila je - jedna nemačka marka! Ovo su bile savršene okolnosti za korupciju i degradaciju svakog moralnog principa.

Dok je u Bosni besneo rat, u Srbiji je vladao mir koji se živeo u gladovanju i konstantnom strahu od mobilizacije. Većina Srba nije htela da bude deo tog rata, ali je država imala moć da kad god hoće, najčešće noću, pokupi muškarce za ratište. To je bilo još strašnije jer su mnogi u Jugoslaviji bili iz mešanih brakova i bilo je zastrašujuće i pomisliti da bi mogli biti postavljeni u situaciju da pucaju u sopstvenu rodbinu. Za mene koji imam (polu) sestru hrvaticu bilo je to nezamislivo.

U tim okolnostima nastale su sledeće četiri slike tišine...

TRI SLIKE TIŠINE

-X-

Kada se budim
ovih dana vidim ulicu i mrtve ribe u mreži;
vidim nešto poput sebe
kako te zove kroz horde obezglavljenih petlova...
Kad otvorim oči
osetim ukus gradske čistoće,
ni suze nisu suze,
ni dodir nije to što želim.
Težina usnulog tela ostaje ispod ćebadi
a srce dobuje negde kao udari lopte po asfaltu
tupim udarcima
kao pesnica po ženskim plećima,
kao raščupana kosa,
i kao pogled brži od nogu koje ne stižu autobuse.

Sakat je smeh koji ne prodire
ni televizijske slike u kvadratima po prostoru,
ni monotoni zvuk erkondišna.
Uzvici dece na poligonu
ovih me dana zaobilaze u širokim meandrima
a besmislene psovke i sopsteva glupost me bole.

Kastrirane reči ne prolaze kroz zidove,
ni moja tišina nije od porekla,
ni misli nisu misli
ni bol.

Albino luta mojim krugom
i ništa oko nema boju.
Padaju glave kao lišće
i noć je kao teskoba praznih holova...

-XX-

Vodi me tako neki put
po kome se ništa ne podrazumeva
i sumnja u svako raskršće.
Držim se svoje duše
osluškujuci odakle dolazi svrha postojanja
i uvek se jedno isto tmurno jutro
uvuče u moje misli
kad shvatim da u dugom redu
koračam ka nejasnom šumu potoka
kao da tražim lepotu iza rešetaka.

Godine se kriju iza bora i ofarbane kose,
ponekad su u tesnoj koži i skupim krznima;
uska ramena i zakržljala tela
krpe se vatiranim naramenicama
i čistom runskom vunom.
Deca su pojela zube
i isisala obe dojke
posle čega su ostali dalijevski štapovi
koji podupiru vreme.

Svake me večeri takve žene gledaju
iza zamračenih prozora pred spavanje,
kad papirni avioni prestanu da lete,
čekajući bezazleni ritual svlačenja
ne bi li blago eritizirane mladošću
bile bolje svojim mlohavim muževima.

Svake me večeri krupnim vodenim očima
pozdravlja koketno jedna debelguza rumena,
žureći u krevet svom bivšem mužu
kome dobro naplaćuje za iluziju porodičnog života.
A svakog jutra muzejski primerak
pronese svoju noćnu posudu
do klozeta kraj moje sobe,
ispisujući zabrađenom glavom po staklu
sporo kao mučnu tišinu,
da veštice moraju imati devedeset godina.

Ivice mog prozora i solitera poklapaju se
kad pogledam prema ulici,
a sok od jabuka popije još malo svetlosti sa trotoara
da bi se prosuo u mojim grudima.
Tako je lakše u održavanju života
s' gomilom toplomera u bledim guzama,
od jedne do druge prelomljene čestitke za Novu Godinu...
Opsedaju me neodređeni oblici tuge
a jedan naduveni alkoholičar poput zaboravljenog oca
sve to strpa u pravo kad kaže:
"Tužan si, brate, kao kiša!"

Jednostavnost je umetnost običnih duša
a ja i psovku opteretim estetskom analizom.

Hiljadu pobeda svakog dana odnesem protiv sebe
da bih iznova shvatio kako su moja lica
nestišljiva kao voda
i da je uvek neko dobro skriveno
za trenutak iznenađenja.
Lakše je otrpavati iskasapljena tela
nego kopati po sopstvenoj suštini!

Dok avioni klize niz nevidljive padine
a ukrštene asfaltne trake vode svilene automobile
čeka me šolja tople kafe i siguran sam u miru.
Tako je lakše u poštapanjima do kraja...

Seta i snaga mešaju se u sivoplavom nebu
zamršenom u krošnju tek ozelenelog drveta
i dok grmi vidim kamenje kako pada po timpanima
čekajući munje kao dete,
jer bez svetla i misli ostaju sive.

Noć me obavija tamom
a u njoj, na grudi od kamena, oslonila se figura od zvezda.
Predamnom devojka zlatne kose zakloni mi vidik
prosipajući iz vedra vode,
kao da želi da je po tragu nađem...
Kao i svaka laž
i snovi poput svega čuvaju dva smisla!

Ponekad moje reči u tuđoj glavi označe moj kod
i tad se u krevetu nađem s' toplim rukama žene
što hiljade iglica želje bode mi po porama.
Skoro vidljive tetive i nemirni prsti
povedu me u polja zadovoljstva
da zaboravim kako će sve to biti kratko
i istopljeno u paru orgazama.
I kad se mesečina prospe po ulepljenim telima
često vidim poneku muvu izgubljenu u vremenu,
osećajući neprijatno golicanje po maljama...
Ta žena spava kraj mene kao mnoge,
nedodirnuta u suštini,
bez želje da me dodirne u suštinu.
Šta vredi ptici ukrasti pesmu u letu
kad će ona i dalje srati po ispeglanim prolaznicima
ispod platana?
Šta vredi jevtino živeti bogat život
kao poklonjena potkovica može značiti
"Potkuj se, konju jedan!"

Izjutra njen smeh struji kao jeza
duž nekoliko zastarelih ogrebotina po leđima,
i ostaju samo korodirani kontakti...
Dani donose bezuspešne pokušaje uvlačenja u tuđe sudbine,
u platonske žene i u stalno možda.
Možda i jeste svrha u traženju utehe i opravdanja
ali posle svega ostane neki crni talog koji se teško pere.
Sada sumnjam i u svoje rođenje!

Pokretne senke po plafonima bez tona
gledam s' ulice u tri ujutru
dok mi povetarac titra iza uha,
a put me uvek dovede do šarenih obloga lunaparka
koje blede naočigled
dok se prazni automobili vrte po platou...

Sumrak se uvek uplete u moje reči
kao siva zastava u izlizano kamenje prašnjavog puta,
i teškim pokretom nekako uspem
da kroz paletu pošaljem vazduhom dugine boje
želeći da ostavim svoje šake na steni!

-XXX-

Da li si primetio
kako tragamo za motivima
koji bi nas privikli na smrt;
da bismo lakše podneli čuđenje radoznale gomile
i tračeve o beznačajnim detaljima
našeg intimnog života?

Sve ovo je kao vera da sam u očima moje drage žene
jedini pravi muškarac,
a mogao bih biti bilo ko.
Sve ovo je kao Marksov bezuspešni pokušaj
da stvori novog Boga utopijskom idejom;
sve je kopanje po govnima, iluzija biznisa
i kompleks uspeha tuđim porazima!
O, kako muški vodimo žene na slavlja,
o kako nas ponižavajuće ženski
sa njih pijane kući vraćaju.

U nedostatku muškosti
i gitare su falusni simboli
u rukama feminiziranih hevi-metalaca;
lutke zamenjuju ljude
a ljudi za svaku priliku imaju neko drugo lice.
Lepe i nedostižne savršene žene
žderu mi živce!

Kao vino niz grlo vuče se moj put
tako lako do mutne glave,
do sećanja na dečakovu violinu
u vitrini maminih i tatinih prijatelja,
do zavisti prema deci iz doma
koja su zadovoljna sa patikama, jaknom i pantalonama,
do nade da me gore neće čekati iskušenje za kajanje

ČETVRTA SLIKA TIŠINE

"Odavno nisam popio..."
reče mi jedan čovek
sasuvši u sebe tečnost boje karamela.
"Jedino tako, kroz teške zapremine dima,
otključavam svoje tajne verbalnim iživljavanjima!"
"Sasvim slučajno ti si sad tu
kao još jedno nepoznato lice u moru
sumnjivo raspoloženo za slušanje
još nepoznatijeg.
Ovo će ionako biti moje jalovo prosipanje
ljubavi prema čovečnosti!
Sačuvaj me samo baksuza i zavisti,
sreće i promašaja,
kad sreća sve više potiče od tuđih tuga.

Najvažnije je da li je lepo vreme!

Prečesto se vraćaš ljubavnim podvizima
kad jedino ostaje ona koja nije htela da da
kao ono nešto za čim se žudi. To znaš.
A kad se osvestiš
vidiš da celog veka juriš za prazninom
koja čak nema ni ime!
Muškarca određuje žena i ženu muž
na onoj ivici erotiziranog polumraka
i sive, suve, kockaste želje,
uvek na granici kupoprodaje osećanja.
A između dve ponižavajuce svađe
ili rezigniranog neprimećivanja
provlačis se kroz greške
u pokušaju zaobilaženja ružnoće i gorčine,
sarkazma i licemerja,
tražeci Boga siguran u svoje paganstvo!

Ona se doteruje, pirlita i pudera
za večerašnji izlet,
očekujući najnormalnije razumevanje za slobodu,
jer ovo je vreme emancipacije
u kome žene pokazuju svoju pravu snagu
skrivajući lica šarenom šminkom.
I ti se iz petnih žila trudiš
da impresioniraš impresiju,
sa par reči erotiziras atmosferu
i kao kroz zezanje poigraš se
najvećom istinom u koju veruješ:
da ti je džaba sva pamet ako ne jebeš dobro!

Kroz ćebad i donji veš zaključuješ
da i s' godinama ostaje potreba za sisanjem
kod oba pola.
Ovo je namensko tucanje,
svako tu čeka svoj orgazam.
A ako ona poželi još, nema brige,
pustićeš da se drugi jebu u boji
i scena ce opet biti potentna!
Na kraju malo drame za fasadu,
eto šta ti je život,
a zatim se vraćate u odvojene krevete
svojim apatičnim porodicama.

I noćas ubijaju pse po gradu,
a ja bih sve ružno menjao za komad lepog,
ne bih zabrinjavao druge da bih prestao brinuti sam;
pobegao bih od večitih samopotvrđivanja
kad je potvrda u drugima sve manje;
od poistovećivanja sa idolima,
od razmišljanja o životu
koja te neizbežno vode smrti...

U trendu postaješ ekologom sopstvene duše
kupujući sebi poklone uz čestitke za rođendane,
nazdravljajući sa sobom i uvek za tebe spremnim
čuvarima tvojih potonulih brodova.

Bežeci od patosirane ljubavne poezije
koja ti tada liči na razvučene splačine
uvek se iznova čudiš
minimentalnim ljudima i njihovim
monumentalnim glupostima!
Skraćuješ svoje pamćenje
da te ne bole sumanuti samiti
urnebesnog društva nekadašnjih prijatelja,
radujući se sad i sve ređim beznačajnim razgovorima
kad drugih i nema.

Govorim o malim istinama sa druge strane maske,
iza pogleda koji u stvari ne vide,
osluškujući različite prizvuke aplauza
pitajući se otkuda baš ti ljudi oko mene?
Isti oni koji te ne primećuju
ili još gore, osporavaju,
grade tvoju tvrđavu samodovoljnosti
nagoneći te da gledaš samo u sebe
i tamo tražis neku oazu
da se uvučes između dva udarca crkvenog zvona,
u neku boemsku pesmu sagorelu u ulici i alkoholu,
da vidiš kako hodaju školjke,
i svakodnevno prevazilaziš sebe
loveći značajne poglede na koje se možeš osloniti.

U dvadeset petoj počinješ da živiš od uspomena
svestan svog istopljenog šarma
i postaješ siguran jedino u nove opipljive bore.
Kako i ne bi, kad propadaju ideje preko noći,
kad se dogovaramo kako ćemo misliti sutra
i kad priroda ostaje samo na projekcijama.

U trenu si, opet, pun optimizma i vere,
sve žlezde dobro rade
i spreman si da mirno dočekaš starost.
A onda ti neko upozorenje ukaže na sumnju
i sve se izduva kao balon.

Tada iznova preuzimaš sve okolne brige,
strahujući za svoje ruke i svoje misli
osećaš nepodnošljivu težinu u zglobovima,
masu mozga i kritičnu ispunjenost lobanje.
Prebaciješ svu krivicu na Turke
i tako propada tvoj pogled u sebe,
a kad vec sebe nemaš, mozeš bar da oponašaš
i pustiš da budeš slika sudbine.

Tad ni to što pisma ne stižu nije važno,
ni strah od suseda koji bi te u ludnicu,
a skoro da ne bole ni nekadašnji samoobešeni drugovi!
Prepuštaš se svetu hitova i pomodarstva,
sitnim, korisnim lažima,
i čuvaš nerve od kompromisa.
Trudiš se da osetiš dodir zubima
i činiš gluposti radi zabave
žudeći da kod Stounhendža pokidaš pogaču
i smažeš je sa slaninom!
Potpuno suludo, jer kad kupuješ hleb
uvek pomisliš i na toalet papir!

Možda prosvetljenja prolaze mimo nas
a da mi toga i nismo svesni.
Možda je ipak bolje
pobeći od ljudske dimenzije!

MOJA PROŠLOST

OSLOBOĐENA

Video sam te pod mesecom
oktljučanu
odrobljenu
nežnu
kako upijaš tu svetlost
u svoju meku kožu...

Video sam te kako se uvijaš
kao talas sporo i snažno
voleći svoje telo
i sve svoje treptaje za mene,
i dopuštaš da te uživam
pogledom...

I video sam kako više ne bežiš uplašena
mirna si od prošlosti
i sigurna ubuduće...

Zaiskrene su tvoje oči
dok osećaš
šta oseća lišće pod vetrom,
šta zemlja čuje dok trava buja,
budne su tvoje grudi
u samosvesnosti okupanoj mesecom
pod kojim sam te video,
u tvojoj nesputanoj
rasključanoj
dozvoljenoj
želji da otkrivaš
muškarca u meni,
da ga stvaraš...

I noćas dok sam te disao
po prvi put slobodno svoju
iza rasklopljenog kaveza
koga si odbacila iza senke,
okupana srebrom,
meka, zavodna,
dotakla si obrazom moje rame
i osetila me...

POMRAČENJE MESECA

Mesec razjeda senka moje planete
Srebrna paučina magle
razapeta između kruna ćuti
Njive ko trake
jure mi ispred lica
Pun sam do daske zvezdama...

SEĆANJE NA DETINJSTVO

Zima je opet staniol bacila na put
kao šećer i voda kad se osuše...
Znaš ono,
kad preko snega pljune kišu
pa ljuljne mraz.

Mnogo mi soli razjeda cipele,
treba mi nove
a nove su skupe,
jer što su veće to su i skuplje.
45...

Popodne.
Moja soba pod suncem.
Dan klizi niz padinu sa suprotne strane.
Hvatam poslednji zrak...

POMORAVSKA LJUBAVNA

Udišem ti dušu iz vetrova pomoravskih
i kosom tvojom što mi je donose
snegovi zimski
vezujem srce svoje u zlataste pletenice
da umirim otkucaje
u odjeke što se pretvaraju...

Ćutim
u senci oblaka što guše
zureći u prazninu bez kraja
samo sa tobom u očima
i s' ljubavlju izraslom iz voda...

Koliko je kratkih trenutaka potrebno
da se učine vremenom?
Koliko je sumraka potrebno
da se vrednost života shvati?

ĆUTNJA

Danima ćutim.
Danima ni reč ne kazujem.
Svoje pesme na glas čitam
da ne zaboravim glas.
Gazim po vrelini svojih strasti
što iskrivljuju sliku isparenjem.

36 u hladu,
pakao...
Nag na krevetu
oduvao sam još jednu leptiricu
i uporno onanišem mozak.

DILEME

Između mene staklo,
u poligonu linija moj lik,
na njemu do pola senka
od pola vid i prst uperen u oko.

Da li je sve što vidim boja
i sve što čujem reč?
Da li i ti postojiš dok me ljubiš
ili sam samo tvoj san?

BELA PESMA

Uvučen u prašinu
između kamenja na putu
gledam
stakleni prozor u nebu
i bele zavese.

Gledam tabane bićima u belom.
Koračaju bez lika tu,
dve stope iznad puta
a tri ispod prozora.

Jedan za drugim
Jedan za drugim
kao jedan

Beli put, belo golo stopalo,
bela krpa preko belog tela.

Džamija ili crkva razvukla toranj
da pukne himen neba,
jer,
deca će doći od boga
i zato Bogorodicu ljubi
i hodaj u belom...

Jedan za drugim
Jedan za drugim
i gledaj gore!
Na vrhu kule je stereo,
dvadeset metara trake i glas:
Hodaj, hodaj,
drvena skela je cilj.

Dok padaš izblediš,
bićeš beo kao bela krpa!
Ti si krpa,
ti si ništa,
belo...

DOSADA

Ništa se ama baš ne dešava.
Kad bi neko bar
neispravnu slavinu zavrnuo
čini mi se opet bi
patina dana noć uhvatila...
Il' kad be se druga stolica
tobom ispunila
ne bih se za svoju bojao.
Ovako jedini trag
težinom ću po njoj utisnuti.

LET

Male devojačke dojke
ohladiše se...

Dečak je trčao
gledajući srebrni avion
kako poleže
po istrošenoj ćeramidi
preko njegove male sobe...

Pruži ruke a oči zaiskre,
otvori mala vrata,
prođe kroz male redove,
sede.
Pred njim avlija
kao nebo na dlanu mami.
Leti oko mačijeg repa,
oko dedine trešnje,
oko šećerne pene,
s oblaka na oblak,
golih ispruženih ručica
i srećnog, širokog pogleda...

NEMOĆ

Muk mraka
pada kao list
na moja opuštena ramena;
sečem ćutanje
kao milion podignutih glava;
kako poreći istinu
koja ispada iz pocepane vreće?

PORAZ

Ručerda hvata dobrotu
prolivenu zamahom
tvoreći hrpu papira
kao dar vetru.
Ja sam odćutao
glupo...

UŽITAK

Da počnem,
počnem započnem začnem,
embrion svojih neiskaljenih
strasti.
U ruci cveta svet
počupanih lati,
a oči šta mogu
osim da vide i da bole?
Dug je put spermatozoida
a kratak vek praznog užitka.

POGLED

```
zrno         i zrno      peska
   i zrno       zrno               peska
na koži      u           pori
   gotovo              nevidljivo      diram
na           pravilnom   rastojanju
s' kapima    znoja           od   sunca
     kao         rosa
   s' ruke       klizi      pogled
po    svakom   kamenu    po zrnu
     po zrnu   peska    do vode
              preko              linije
iza koje     nestaje    sunce
```

PISMO

Zadovoljstvo je pljesnuti rukom
po mirnoj vodi bare,
po krvi s' alkoholom
u koncentričnim krugovima
tuge...

NESIGURNOST

Kristali
oštri kao uvreda
okolo svuda,
bol
tupa i trajna
preko svega kao crn plašt,
svemir
kao ništa,
kao nešto iz čega niče spas...

POBEDA

Hodaš probijen vrelinom
mojih reči.
Svešću pokidanom gomilom
istupljenih eksera
ja sam pobedio
još jednog piona.

TUGA

Mala zelena dolina
poskakivala je
u mojim ustima
istopljenim od smeha.

RAZGOVOR

Reči kao klupko s čvorom
kotrljaju duž žice,
onda kad tekst spremaš
tri prethodna dana
pa se zgužva u grlu i čuješ:
kako je
dobro
eto
možda
ma ne
i jedino što ti ostaje je da pružiš ruku
i pustiš vodu na to.

Tišina je preduga,
slušalica se ljulja na vetru,
nedostaješ mi
urezuje se duboko u prostor
ali ne dovoljno
da dopre do tvog uha...

··

Sam Sam Sam
kao odgrizak bačen
kroz prozor vagona
kao sakat kao lud

• • •

Već odavno
Već odavno nisam
Odavno nikom ništa
Napisao nisam
Nikom
Odavno već

POKUŠAJ

Kroz olupani oluk
misao zvečeci krstari
do udaljene zvezdane tačke dole.
Pokušavam s druge strane
da proteram pogled kroz
no susreće me nova svetlost.
Otkopčavam pojas da se više savijem
i gledam kroz redove trepavica
stisnutih kapaka
ali me boli.
Nikako do misli.

SPAS

Beži makar roneći
ispod svoje kore,
skini kožu sa roga
zabodenog duboko ispod vimena,
izbavi sebe iz mulja
pičko!

ПОМОЋ

Korak malo jače poteraj
preko crvene reke,
mama!
Pada propala kiša,
ja sam odlutao
i ne znam.
Dodaj mi mali prst
od slame bar.

OGLEDALO

U svakom krugu postoji
jedno ovo i jedno ono
kao tačka.
S nekoliko kapi
crnog ili belog vina
tačke se rasplinu
ali u granicama svog.
Svako je svako
kao jedno jedino pravo
zajedno.

ITD.

Kocka boje duvana
pada ka maglini u plućima
usporenim kadrom
i prska.
Na plavom lomu
borama se iscrtava moje lice.
Palim još jednom
i gasim
itd

BAKSUZ

Znam da iza ostaju duboki tragovi.
Sneg je i noćas mek i beo
i sjaji kao da je belo noćno nebo.
Ne gledam,
al' napred žena kao ti,
kao ti, Bože,
da dodirnem tabane što lebde iza linije...

Za tren tu sam
i gledam kako spava bez težine
na metar od snega,
na mom dlanu
što drhti od straha i strasti
topeći je.

Svaki dodir
pretvara joj u vodu telo,
i čujem iz zadnjeg obrisa,
kroz pogled sažaljenja:
"Suviše si vreo, dečače,
imaš temperaturu..."

QUO VADIS DOMINE

Pa svet se ruši
na zemlju što ne drži!

JUTRO

Ustajem i gledam
pogužvanu noć pod sobom.
Nisam sanjao ništa
a krevet kao ratište.
Kao da je praznina
besnija od snova...

XXX

Ruska devojka
pokazuje svoje grudi
 i niže...
"Deduška,
pogledaj svoju sreću!"

PRAZNINA

Muči me ovo ništa između...
Ostao sam viseći
bez nogu i bez tla.
Ptica bez kljuna
bez perja
i s jednim slomljenim krilom.
Falseto.

OTIĆI ĆU

Nacrtaću liniju,
uzeću je za krajeve,
obaviti oko vrata
i stegnuti sto jače mogu.

Uhvatiću se za kosu
i provući kroz omču,
skinuću košulju,
pokazaću grudi ljudima
i vikaću
kao nemo lice
otvorenih usta
i napetih žila po vratu.

Kao i uvek do sad
uzalud.
Ne ostaje mi drugo.
Da se obrišem gumicom!

OTKAČENA

Mala zelena kuća
je pala s' Marsa
jednom
dok sam sa trolom
skakao po asfaltu,
kao lud, kao lift,
gore dole gore dole
gore dole
gore
dole
go
do
go
.
.
.

VARLJIVA MOJA SREĆA

Tanjir na kome letim
uopšte nije udoban
ali letim,
zaslepljen iluzijom brzine
kad se svi oblici pretaču
u paralelne linije,
kao ekspresni potezi
umetnika u ekstazi.

Neko sa površine kamenje baca...

Kamen po kamen bućne,
i onda kao ošamućen,
u krivoj liniji spušta se ka dnu.

U prolazu gutam zaostale mehure
od onog vazduha gore,
biće mi dosta za sledeći dan
da ale-ribe ubijam kiseonikom...

Gore pod vodom vatre
mojih beskrajnih strahova.

Svake noći odem gore u mrak,
na brdu Edene imam svet svoj
na pola metra u kvadratu,
al' sve se vidi lepo.

Mrak je
i ja ne vidim rane.
Mesec ćuti
i mi se ćuteći razumemo...

Pre jutra zagazim bosim nogama
u hladnu tintu
što uspaniči mi krv.
Bojim se trošeći još jedan dan
do sledeće noći i meseca...

OPTIMISTIČKA

Slike se same slažu...

Masovni hrk otupelih vojnika
na bojištu zvanom kriza,
u mrkloj sobi,
kroz uzan prorez vrata
dok svetlosni zrak po plafonu liže...

Smoždeno lice od tuge
s jastucima pijanstva ispod očiju.

Poplave svuda od severa do juga.

Klopara voz moj na liniji šina
zimogrozno grčeći točkove
od kaše blatnog izliva
što curi li curi,
a ja opijen slikom
volim onog dečaka sa obale
što eto, tek tako,
iz čistog osećaja, diže ruku
i maše, maše,
srećan...

MOJA SADAŠNJOST

BEČKI VALCER

Uverio sam se,
on ne pristaje samo Dunavu:
pristaje svakoj vodi.

Šareni kafe na pruge
dočekao me žut i kafen.

Limun i kafa i flaša piva
na okruglom stolu na pruge,
žute i kafene,
šta ja to pričam?

Pa da,
škorpion je prošao
tik uz moju desnu ruku.

Stolice i sto bili su zakovani za beton.

Kako je to glupo!

Ali bilo je lepo videti
dvadeset okruglih stolova
na štrafte,
i bečki valcer na Štraus.

I morske alge, kafene,
čudno,
kafene kao i pruge po kafeu.

I tada se sto na štrafte
digao kraj mog nosa
i usporen odleteo u more kao leptir
u ritmu

je'n dva tri

dva dva tri

je'n dva tri

dva dva tri

i ja za njim.

Nisam ni znao da bečki valcer
ne stoji samo Dunavu...

SUTON

Padale ledene lule iz oluka
od podnevnog grča zimskog sunca,
i negde u pet
pljesnuh ga obema rukama
da mu se bicepsi opuste
i videh
kako lagano rumeni do purpura,
klizeći po obrisu simsa
velike bele zgrade.
Tamo otpoče igru kretnji
ćošak ivica, ivica ćošak,
ivica ćošak rub,
i jedan dugi let
niz draperiju neba,
do dna od leda...

Ko dinar
u otvoru leđa prasice
sakri se iza
do jutra...

BEZVLAŠĆE

Vlast bez vlasti
  suza iz poriva
    usijana svest
      nad putem od asfalta,
        pod suncem od leta...

Staklo u travi
  smeđoj od snega,
    skršeno rukom besa...

Auto bez krova
  na levoj strani druma
    i putnik bez glave
      rasute krvi po sedištima...

STRAH

U opštem grabežu grabim
od dužeg duže
od većeg veće
grabim od višeg više
grabim grab.
Rečima režem sa kože reči,
mislima misli mislim,
neću da umrem star,
ni mlad...

MOJI ZVUCI

MORE

Fišimimi siolini
dirliminini siši
oooooo malanuva fuva
dulava vulada bać

A dana salana gala
mufila usnila guj
sušima ćućuna glama
brć truć

LJUBAV

Auvioa moaiani aa
ooonihanimai vuini mia
moni
moni oliavidaao
oliavidaao moni haj

Haliminaivio dalismaani
haliminaivio dar
dalismaani haalimi via
via
via daali navi
nam namasmi avia
amoaani avi dar

POKVARENI AUTO

Brlj brlj brlj brlj brlj brlj
krakratrutra pruf
gungrula gungrula kakakakakaka
tračača krrrrrrrr

SNOVI DAJU SMISAO NAŠIM NOĆIMA

O AUTORU

Branislav Vrbaški (u Kanadi - Vrbaski), pod umetničkim imenom Rebel Bran, je multimedijalni umetnik iz Vankuvera/Surija u Britanskoj Kolumbiji, inače rođen u Jugoslaviji/Srbiji.

Izvan arhitekture kao profesije, Branislav ima dugo iskustvo u pisanju poezije i tekstova za muziku, za koje je u dva navrata nagrađivan u Srbiji. U skorije vreme, u Kanadi, nosilac je nagrade za fotografiju od Arhitektonskog Instituta Britanske Kolumbije, kao i Umetničkog Saveta Surija. Nosilac je i grupne nagrade za umetničko delo na takmičenju Art by Architects, organizovanom od strane vankuverskog odseka Kraljevskog Arhitektonskog Instituta Kanade.

Branislav je 2009. godine izdao i svoj prvi autorski album muzike i od tada ponovo aktivno radi i u sferi muzičkog stvaranja. Jedna od kompozicija sa instrumentalne verzije tog albuma je 2019. godine bila plasirana u polufinale američkog internacionalnog takmičenja Unsigned Only.

Večernja melodija je prva knjiga poezije koju predstavlja u dva izdanja – na srpskom i engleskom jeziku.

www.ingramcontent.com/pod-product-compliance
Lightning Source LLC
Chambersburg PA
CBHW021011090426
42738CB00007B/755